AF274656

APRENDE A TRAVÉS
de las 4 ESTACIONES

PROPUESTAS PRÁCTICAS Y DIVERTIDAS
PARA EL DESARROLLO INFANTIL

Natalia Toro Miguel

Saralejandría
ediciones

Del texto:
Natalia Toro Miguel

De la presente edición:
Grupo Sar Alejandría S.L

Perfil profesional:
@lasuperprofenat

Edita:
Saralejandría Ediciones

Diseño de edición:
Elena Torres Andrés

ISBN: 978-84-10105-54-6
Depósito Legal: CS 723-2024

A mi familia, por estar siempre a mi lado y apoyarme en este camino y en todo lo que me proponga, sobre todo, a mi madre por ser mi pilar fundamental en mi vida y no soltarme nunca de la mano.

A mi pareja, por impulsarme a crear este gran proyecto y creer en mí.

A mi abu y mi estrella más bonita del cielo. A mis alumnos que me ayudan a ser mejor maestra y a todos esos pequeños que tendré la suerte de darles un trocito de mí a lo largo de mi vida como maestra.

índice

PRÓLOGO   6

¿QUIÉN ES LA SUPERPROFENAT?   10

ABRE TUS OJOS: LA IMPORTANCIA DE TRABAJAR
LA NATURALEZA Y LAS ESTACIONES DESDE LOS DIFERENTES
ÁMBITOS DEL DESARROLLO   16

¿CÓMO LO LLEVAMOS AL AULA? MANOS A LA OBRA   26

UN VIAJE POR LAS CUATRO ESTACIONES:
EXPLORADORES EN ACCIÓN   40

MATERIALES E IDEAS PARA NUESTRA AULA   110

EXPLORADORES EXPERTOS   124

AGRADECIMIENTOS   128

PRÓLOGO

En los primeros años de vida, el mundo se despliega ante los ojos de los niños y niñas como un espacio lleno de maravillas, desafíos y descubrimientos. Este es un periodo en el que cada experiencia contribuye de manera crucial a la construcción de su identidad, sus conocimientos y habilidades. En este contexto, el juego se erige como un pilar fundamental del desarrollo infantil. Y es que es a través del juego donde los niños y niñas exploran su entorno, expresan sus emociones, resuelven problemas y, sobre todo, aprenden sin darse cuenta.

El uso de metodologías activas centradas en el niño/a y en su proceso de aprendizaje nos brindan una diversidad de vivencias y experiencias manipulativas inagotables, que ofrecen posibilidades para explorar, experimentar y descubrir. Y que mejor manera de conectar con el entorno que apreciar la magia de la naturaleza a través de las cuatro estaciones del año.

Un escenario perfecto que invita a los niños/as a sentir, vivenciar y conectar de manera significativa con su entorno próximo. Los ritmos naturales nos enseñan a ir despacio, a disfrutar de esos pequeños cambios que a diario ocurren, a explorar y ser pacientes, a estimular la curiosidad y el pensamiento científico.

Y esto es precisamente lo que promueve este libro que tienes entre manos: una visión sobre el poder del juego y de la naturaleza como medios de aprendizaje. Con todo esto pretende ser una guía y una fuente de inspiración que invita a descubrir la magia del juego y de la naturaleza.

Y no nos olvidemos, el juego es una herramienta pedagógica de valor incalculable. Por eso, juguemos, manipulemos, experimentemos, exploremos...

JUGAR NO ES UN JUEGO, ASÍ QUE.... ¡JUGUEMOS!

Patricia Fernández de
@miminipandi

Mi Mini Pandi

¿QUIÉN ES LA SUPERPROFENAT?

Antes de adentrarnos en el maravilloso mundo de las estaciones, quiero que conozcáis un trocito de mí y de cómo me he embarcado en esta gran aventura.

Mi nombre es Natalia, Logroñesa de pura cepa de la tierra del vino. Desde pequeña supe que quería ser maestra. En mi paso como estudiante no me gustaba estudiar, me aburría y me costaba a partes iguales, pero cuando acabé bachillerato una cosa tenía claro, ahora si empezaba mi camino para cumplir mi sueño como maestra. Primero realicé el grado superior de educación infantil y ahí desapareció ese aburrimiento y la eterna lucha del estudio porque comencé a estudiar y a formarme en lo que siempre había querido, ser maestra.

Tras acabar el grado superior aún tenía más claro mi objetivo y mi

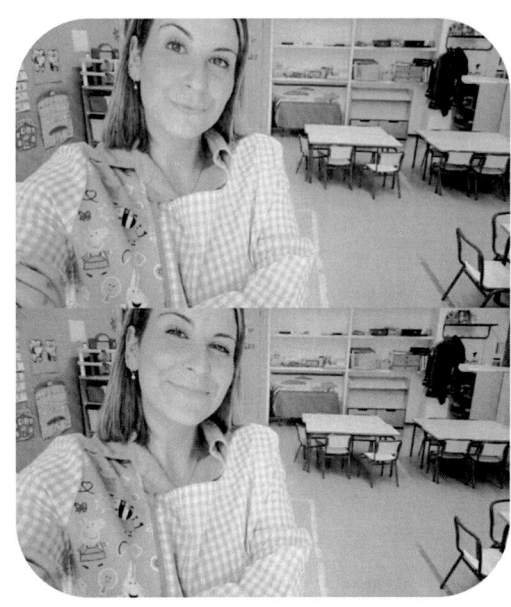

feliz? cuando pisé un aula por primera vez, ver a esos personitas que te llenan el corazón, que a pesar de un día malo, ellos saben sacarte una sonrisa y borrar por un momento todo lo malo que te este pasando.

Tras acabar esta etapa sabía que tocaba, la palabra temida por muchas personas "OPOSIÓN". Sin miedo me adentre en esa primera aventura y menuda aventura. Fueron nueve meses para no olvidar, duros, de mucho agobio, con momentos de querer tirar la toalla y donde mi estrella (mi abu) brilló en lo más alto del cielo, me impulso a no tirar al toalla y a luchar para que él se sintiera orgulloso de la persona que me estaba convirtien-

sueño de llegar a un aula para poder demostrar cual es la maestra en la que me estoy convirtiendo. Por ello, comencé el grado de educación infantil, donde fui aprendiendo más de esta maravillosa profesión, y ¿sabéis cuando fui inmersamente

dé sin la plaza (novatilla, sin puntos, ni máster, ni experiencia). Ese año lo recuerdo como uno de mis peores veranos, con sentimientos encontrados y tras haber luchado no había conseguido esa plaza. Un día hablando con una persona muy especial en mi vida me decía: "Natalia, ¿porque no te abres una cuenta educativa? estás a todas horas viendo ideas, pensando actividades originales y te apasiona todo lo relacionado con tu profesión". Hicimos un trato, el día que me llamarán para trabajar o estuviera cerca de ello, empezaría esa nueva aventura. Ilusa de mí decía que no iba a trabajar porque estaba muy abajo en la lista, pero sí que llegué y me llamarón para tra-

do. Llegó junio, el primer examen, aprobé y con más ganas que nunca defendí y presente mi segunda parte donde aprobé, pero me que-

bajar en una escuela infantil. A los pocos días llegó ese 16 de septiembre del 2022, mi primer destino y no paré de llorar de la ilusión y de la felicidad de pisar por primera vez un aula y enfrentarme al reto más impresionante de mi vida.

Desde ese momento empecé a crear contenido para mi cuenta educativa en Instagram @lasuperprofenat de la que estoy super orgullosa, donde estoy plasmando la maestra que soy y que quiero ser porque como siempre he dicho es una profesión donde nunca se acaba de aprender, donde debemos estar en constante aprendizaje, formaciones, leyendo libros, conociendo diferentes metodologías y exprimiendo al máximo cada experiencia educativa que podamos vivir. Tenía claro que iba a seguir luchando por mis sueños y que ese día llegaría porque todo llega y como bien me dijo una amiga: "hay dos tipos de opositores, los que rinden y los que los que se sacan la plaza, tú decides cual quieres ser porque yo lo tengo muy claro".

Ahora, a día 19 de julio del 2024 puedo decir que he cumplido mi sueño: UNA PLAZA ES MIA.

Tras tres años de esfuerzo, mucho estudio, sacrificio, dejar muchos planes de lado, luchar y luchar he conseguido uno de mis mayores logros. Por ello, si yo pude tú también puedes conseguirlo.

Así que si lo estás leyendo tu docente, opositor/a, estudiante de magisterio o familia, los sueños se luchan y espero que este libro os de ese chute de energía, ideas maravillosas para aplicarlo con los peques donde conectéis con ellos, donde pasemos tiempo de calidad y donde disfrutemos, aprendamos y os divirtáis mucho.

¿Estáis preparados para acompañarme en esta aventura?

ABRE TUS OJOS: LA IMPORTANCIA DE TRABAJAR LA NATURALEZA Y LAS ESTACIONES DESDE LOS DIFERENTES ÁMBITOS DEL DESARROLLO

A) LAS ESTACIONES Y SU IMPORTANCIA

¿ Por qué es importante trabajar las estaciones del año?

Podemos decir que las estaciones del año son un medio excelente para motivar al niño y enseñarle la realidad que les rodea, debemos fomentar en nuestros alumnos aprendizajes significativos, que sean aplicables en su vida real y que no sean meramente enseñanzas que se queden entre las cuatro paredes de un aula, algo transferible en su día a día y que en el futuro tenga un sentido y significatividad para ellos, enseñarles aspectos de la vida cotidiana, la importancia de cuidar nuestro entorno y las consecuencias de no hacerlo.

Nos sirve para realizar propuestas de su interés, ya que quién no ha escuchado en clase: "oye seño, ¿y la nieve cómo se forma?" o salimos al patio y les encanta observar las flores y regalarlas como si fueran el mayor tesoro del mundo. Por ello vemos que hay múltiples factores que les llaman la atención y debemos de potenciar aquello que les interese, les cause curiosidad, ya que desde la neuroeducación nos dice que el cerebro aprende mejor teniendo en cuenta la motivación del alumno.

Además, hoy en día encontramos en nuestra legislación, tanto en los elementos curriculares como en los objetivos de desarrollo sostenible, que son uno de los mayores logros recientes en sostenibilidad de la Agenda 2030, donde vemos reflejado: la importancia del cuidado del entorno, de conocer los cambios atmosféricos, el respeto y la conservación de la naturaleza, así como de aquellos seres vivos que viven en ella.

También vemos noticias actuales como las olas de calor y, a consecuencia de ellas, las sequias que se están creando, la gran nevada de invierno y aspectos que a los niños les llaman la atención y lo dejamos como meras noticias sin indagar más sobre ello. ¿Y si nos convertimos en exploradores de las estaciones llevando noticias de interés al aula e investigando el porqué y buscando soluciones a ellas?

En el aula muchas veces no se le da el valor que tiene las estaciones del año, ya que son mucho más que saber si hace frío o calor o el tiempo que hace hoy.

Es el tiempo, los animales y sus procesos, alimentos de temporada, cómo debemos vestirnos, qué lugares podemos visitar en cada época del año, aprender vocabulario, los colores que predominan en cada uno de ellos, el ciclo del agua, hacer experimentos y múltiples factores que veréis a lo largo del libro.

Actualmente vivimos en un mundo digital, dejando de lado salidas al entorno, hacer manualidades, observar la naturaleza, jugar con objetos de la naturaleza y crear auténticas obras de arte, que con cuatro palos y piedras construyan un fuerte que nadie lo destruya.

Por ello, docentes y familias os animo a apreciar la importancia de las salidas al entorno, aprovechar cualquier momento que tengamos para salir, observarla, to-

carla, ver sus características, que los niños nos digan que les llama la atención y donde podamos ver que con un simple palo o concha podemos hacerles millones de actividades que trabajen múltiples aprendizajes, que no hace falta un material caro sino un material significativo un material que despierte todos nuestros sentidos, ya que los niños aprenden mejor tocando, oliendo, viendo, probando y vivenciándolo.

B) EL DESARROLLO INFANTIL A TRAVÉS DE LAS 4 ESTACIONES

Y diréis ¿a través de trabajar las estaciones podemos trabajar todo tipo de aprendizajes?

Por supuesto a través del vocabulario e imágenes reales como la de la cuerda de la belleza donde trabajaremos el lenguaje oral, la conciencia fonológica, la expresión oral, a través de bits de vocabulario, formando palabras y viendo que letras las componen haremos un acercamiento a la lecto-escritura.

Con actividades de motricidad fina que son esenciales para ello, donde cojan diferentes elementos con pinzas de madera, hagan trasvases, inserten bolas de colores. Esto será un proceso donde cojan fuerza y mejoren el agarre progresivamente para dar el paso al agarre del lápiz.

Podemos trabajar las matemáticas a través de las cualidades de los objetos, ordenando y clasificando por tamaños, colores, formas, creando seriaciones con elementos propios de cada una de las estaciones, contando cuantos elementos necesitamos para hacer una receta mágica, etc.

También abordaré el ámbito físico, motor y social a través de excursiones, salidas al entorno, cuentos motores o actividades que fomenten las relaciones entre iguales, así como la autonomía, la imaginación y la creatividad, entre otras.

Propondré actividades sensoriales donde trabajen la observación, exploración y experimentación, el ensayo-error y la creación de hipótesis.

Como bien nos dice Maria Montessori es esencial educar a través de los sentidos, percibir información y para ello estamos nosotros, maestros y familias para ofrecerles a nuestros niños todos esos aspectos que van a motivarles.

Tal y como encontramos una frase de ella:

"Primero la educación de los sentidos, luego la educación de la mente".

"Lo que la mano hace la mente lo recuerda".

Por ello, dejar que manipulen, experimenten, toquen, huelan, vean y escuchen... enriquecerá su aprendizaje.

¿CÓMO LO LLEVAMOS AL AULA? MANOS A LA OBRA

Como estamos viendo en nuestro día a día, estamos viendo múltiples metodologías que voy a explicar, pero me gustaría destacar que nosotros como maestros debemos de estar en constante formación. Me parece esencial que como maestros estemos actualizados y donde tengamos diversas estrategias para poder aplicarlo en el aula.

Una frase que para mí es fundamental es que las metodologías las debemos adaptar a nuestros alumnos, no los alumnos a ellas, ya que podemos encontrar muchas metodologías que nos gusten pero que no se adecuen a las necesidades que presentan mis alumnos y todo esto se aprende a base de experiencia y del proceso de ensayo-error donde demos con la clave para un éxito en nuestra aula.

Por otro lado, para alcanzar el éxito de como llevemos a cabo el proceso de enseñanza-aprendizaje, hay que hacer un diagnóstico de cómo es nuestro alumnado, de sus características, sus necesidades y partir de ello para planificar nuestra forma de trabajar.

Además, me parece fundamental contar con la colaboración con las familias, ya que "para educar a un niño hace falta una tribu" donde sin las familias no podríamos lograr el éxito de la educación, donde sean participes de talleres, salidas al exterior o venir a contarnos un cuen-to, siendo un punto también clave para la motivación del alumnado y bien como encontramos en la neuroeducación una de las claves de como mejor aprende el cerebro es potenciando la motivación y un clima donde estén seguros.

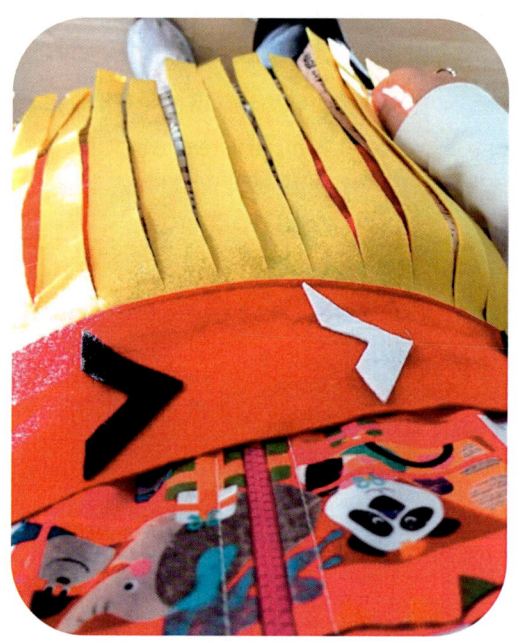

Antes de pasar a explicar las metodologías me gustaría hablar de algunas claves o estrategias que me parecen fundamentales tener en cuenta en cualquiera de ellas como son:

Partir de lo que conocen para aumentar sus conocimientos. Para ello, partiremos de la pedagogía de la pregunta a través de diferentes dinámicas a través de la que podamos observar que conocen, que cosas les interesan y quieren aprender.

Tener presentes los principios del DUA, ya que cada alumno es diferente y, por ello, propondremos múltiples formas de que nos expliquen información, así como diferentes niveles de dificultad en las actividades propuestas.

El error es bienvenido a mi aula. Muchas veces los niños no preguntan o no responden a una pregunta por el miedo de ¿y si me equivoco y se ríen de mí? En mi aula desde el primer día damos bienvenida al error como sinónimo de aprendizaje, ya que en un proceso de aprendizaje nadie nace aprendido y para aprender debemos de intentarlo, fallar o acertar, pero siempre viéndolo como un factor positivo.

Las relaciones sociales donde debemos fomentar la interacción entre nuestro alumnado, con diferentes agrupaciones, donde trabajen todos con todos y seamos el mejor equipo.

Nuestro papel como maestros donde seremos guías de su proceso, acompañándolos y ayudándoles y apoyándoles en su aprendizaje.

El clima del aula para mi es fundamental que el alumno se sienta tranquilo, en confianza, donde pueda expresarse, y ser el mismo.

Como he ido nombrando a lo largo del libro, que los aprendizajes sean transferibles en la realidad, ya que como encontramos ahora en nuestra ley el currículo es competencial y debemos de crear aprendizajes significativos, con valor y aplicabilidad.

La motivación es esencial en mi aula como encontramos en la neuroeducación el niño aprende mejor desde la motivación y desde

un lugar seguro por ello, fomentar actividades con diferentes retos o problemas que les motiven a solucionar como grandes investigadores les hará estar motivado y con ganas de aprender.

Por ello, algunas metodologías o formas de trabajo que voy a explicar son las siguientes:

Los rincones. ¿Qué son los rincones?: los rincones es la forma en

como organizamos el espacio de nuestra aula con diferentes temáticas como por ejemplo:

El rincón de lectoescritura destinada a tener material como letras móviles, la caja de los sonidos, cuentos, bits de vocabulario con pizarras para que se inicien en la escritura...

El rincón de lógico-matemática con propuestas como los números "Sumblox" para trabajar la descomposición, las regletas, policubos, las perlas Montessori, propuestas de seriaciones con objetos naturales con diferentes niveles de dificultad entre muchas otras...

Muñeco realizado por @estaeslacasitadehanselygretel

El rincón de las construcciones donde les dejamos tanto materiales lúdicos como bloques de construcciones, pero también fomentarles los materiales naturales como hojas, ramas, maderas, cartones, hueveras, rollos de papel, piñas y que dejen fluir su imaginación.

El rincón sensorial con propuestas en la mesa de luz con objetos naturales como flores, así como mesas con minimundos, provocaciones, o algún experimento que otro.

El rincón de las manitas donde propongamos actividades donde trabajen la autonomía como la motricidad fina. Por ejemplo, podemos ponerles un tenderete donde tengan que colgar ropa y en cada estación del año aprecien la diferencia entre las diferentes prendas de ropa.

El rincón del arte es una zona donde dejemos que fluya su imaginación, donde tengan papel continuo en una pared y puedan dejar fluir su imaginación, un caballete, diferentes recortes que nos vayan sobrando y puedan hacer collages, sellos caseros con objetos como piñas, calabazas y todo lo que se os ocurra.

¿Cómo se lleva a cabo? pues no hay una única forma de llevarlo a acabo si no como mejor nos funcione y nos guste, ya que podemos hacer grupos heterogéneos donde deban pasar cada día por un rincón, o podemos poner límite de niños en cada rincón y que sean ellos los que decidan donde ir sabiendo que en algunos de esos rincones encontramos propuestas que queramos que lleven a cabo y deben hacerlo a lo largo de la semana y anotarse en un registro. Lo importante es establecer unas normas donde ellos las interioricen como por ejemplo lo que cogemos lo volvemos a dejar en su sitio antes de cambiar de rincón, compartimos, pedimos porfavor y damos las gracias, entre muchas de ellas.

1
2
3
4

1
2
3

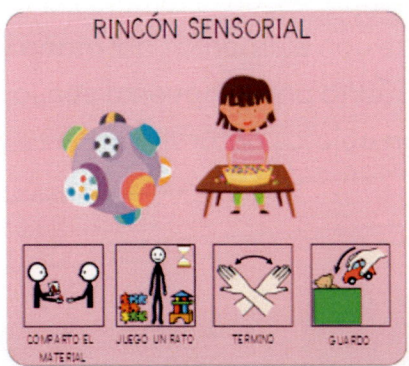

Los talleres. Otra propuesta que a mí me encanta plantear y, sobre todo, en colaboración con las familias. Esto lo podemos plantear a nivel de aula, de nivel o de ciclo, donde se propongan diferentes actividades y vayan rotando en grupo donde pasen por todas ellas, como por ejemplo un taller otoñal donde se planteen cuatro propuestas, es decir, en el primer taller un cuento donde nos hable del otoño como, por ejemplo, "El ladrón de hojas" y después hablemos de lo que nos trasmite, en el segundo taller adornar una piña con pompones, en el tercero hacer un lince con elementos del otoño y en el cuarto una propuesta sensorial con objetos naturales.

Las estaciones de aprendizaje, otra forma de organización donde hagamos por ejemplo tres estaciones donde en cada una de ellas se quiera trabajar algo en concreto y vayan rotando cada veinte minutos. Así pues, en la primera estación hacer seriaciones con flores de colores, en la segunda estación donde deban coger un bits de vocabulario y con letras móviles y crear el nombre de la flor y el tercero con imágenes reales buscar con las tablillas de colores cuales son los que aparecen en cada imagen.

El aprendizaje basado en el juego, uno de los pilares fundamentales de la educación infantil, es como indica su nombre aprender jugando, donde los niños están en constante juego sin darse cuenta de que están aprendiendo, pero por ello podemos proporcionar otro aspecto que a mí me encanta como son los juegos de mesa o bien comerciales o bien creados por nosotros como por ejemplo crear un Dooble invernal, o juegos comerciales como "Bichos", donde se trabaja la iniciación a la suma. Debemos tener en cuenta que los juegos nos aportan muchos beneficios, como trabajar en equipo, respetar el turno, los retos y activar el pensamiento y la motivación y que llevan unas reglas que debemos de aprender y respetar.

Por ello, podemos aprovechar a iniciarlo cuando trabajemos por estaciones de aprendizaje y una de ella sea los juegos de mesa donde este la figura adulta y sea en pequeños grupos donde vayan adquiriendo la dinámica del juego. Además, es otra forma de llegar a todo nuestro alumnado donde podremos plantear diferentes niveles de dificultad y así llegar a todo el alumnado.

El aprendizaje basado en proyectos, donde creamos un proyecto sobre un interés que le surja al alumnado como, por ejemplo, un tema que nunca falla y siempre se escucha en las aulas los insectos, les encanta tocarlos, cuidarlos y los temidos gusanos de seda para muchos docentes. Por ello, es una temática que a mí personalmente me gusta mucho y creo que da mucho juego para trabajar en primavera, todo los beneficios que nos aportan como las abejas y la miel, el cuidado de ellos, como crecen y sus fases y poder llegar a darles alguna responsabilidad de cuidarlos en el aula de manera conjunta. Donde tengan que investigar desde casa en colaboración en familia, hagamos un rincón tematizado y nos puedan traer cualquier material como cuentos o materiales creados por ellos, y además tematicemos los rincones con propuestas de esa temática, donde hay millones de posibilidades para trabajar todos los ámbitos educativos.

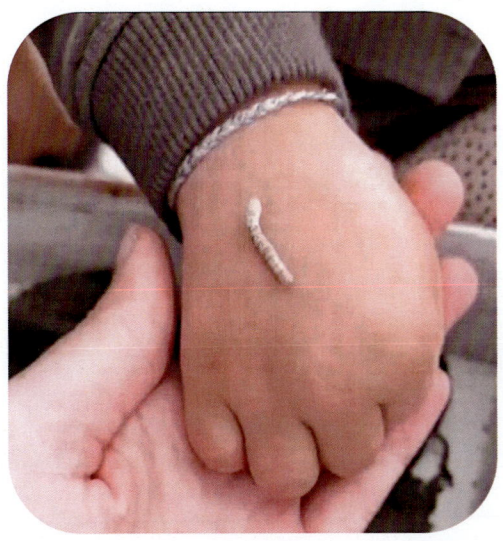

UN VIAJE POR LAS CUATRO ESTACIONES: EXPLORADORES EN ACCIÓN

De ahora en adelante nos vamos a encontrar diversas propuestas para llevar al aula. ¿Estáis preparados para realizarlas? Yo estoy segura de que sí y que os encantarán.

Cabe destacar que todas las propuestas son a modo ejemplo y encontraréis variedad de actividades donde se pueden adaptar a las otras estaciones, podemos ver actividades de:

◇ lectoescritura.

◇ lógico-matemática.

◇ grafismo creativo.

◇ bandejas sensoriales y experimentación.

◇ motricidad fina.

◇ juegos de mesa.

◇ asamblea.

◇ manualidades entre otras.

43

LA BELLEZA DEL INVIERNO

Materiales: imágenes de la cuerda de la belleza.

Desarrollo: este material se encontrará en la asamblea, donde las usaremos para que los niños trabajen la atención, observación, vocabulario y apreciemos diferentes puntos de vista, ya que a través de las imágenes cada persona podemos fijarnos en diferentes detalles.

¿Qué trabajamos? Vocabulario, el respeto por los diferentes puntos de vista, y características del invierno.

¿Cómo lo trabajamos? Lo podemos tener en la asamblea de manera fija pero además podemos dejarlo en rincones como el de lectoescritura donde trabajen vocabulario y creen palabras, o en el rincón del arte donde puedan fijarse en objetos reales y puedan recrearlo.

LA PALABRA PERDIDA EN LA NIEVE

Materiales: tarjetas, rotulador y letras móviles.

Desarrollo: a través de diferentes imágenes con su inicial deberemos de descifrar la palabra escondida. Para hacerlo más sencillo, podremos darles dos opciones de letras por la que empieza cada palabra.

¿Qué trabajamos? La conciencia fonológica, el inicio a la lectura y reconocimiento de letras.

¿Cómo lo trabajamos? Lo podemos hacer tanto en gran grupo, en rincones, en concreto, en el de lectoescritura o en estaciones de aprendizaje como propuestas rotatoria.

PINTAMOS CON HIELO

Materiales: cubiteras, temperas, agua y depresores.

Desarrollo: lo primero de todo, congelaremos en cubiteras agua teñida con colorante o temperas, les pondremos un palo o un depresor para que tengan agarre y una vez congelado pondremos un papel continuo y dejaremos que dejen fluir su imaginación.

¿Qué trabajamos? La motricidad fina, los colores y la creatividad.

¿Cómo lo trabajamos? Lo podemos hacer a través de estaciones de aprendizaje donde vayan rotando y creen un mural coo-perativo y una vez seco pongan su nombre y lo pongamos como mural de clase.

CONTANDO COPOS CON EL BARRENDERO JERO

Materiales: copos de nieve y opcional muñeco y un camión.

Desarrollo: cada día del mes iremos echando un copo de nieve en el camión del barrendero, pero ¿qué ocurre? Cuando llevamos 10 debemos de cantar "barrendero Jero hemos llegado hasta diez ¿me ayudas a recoger?", entonces haremos un montón con los diez copos y los meteremos en una bolsita. Así hasta completar el mes, después veremos cuantas bolsas tenemos de diez, siendo una decena y cuantos copos quedan sueltos siendo las unidades.

¿Qué trabajaremos? El conteo y el inicio a la descomposición, unidades y decenas.

¿Cómo lo trabajamos? Lo haremos en el momento de la asamblea.

BUSCANDO AL INVIERNO

Materiales: mesa de luz, imágenes, agua, colorante azul, bandeja
transparente y vaso.

Desarrollo: en primer lugar, pondremos la mesa de luz y un folio
encima con imágenes del invierno,
después una bandeja transparente con agua y colorante azul y nos
disponemos a hacer la magia con
un vaso buscando los diferentes
elementos del invierno.

¿Qué trabajamos? La observación,
motricidad fina y vocabulario.

¿Cómo lo trabajamos? Lo podemos llevar hacer tanto en gran grupo o en estaciones de aprendizaje.

CADA OVEJA CON SU PAREJA

Materiales: abalorios de colores azules de diferentes tonalidades, pinzas y bandejas.

Desarrollo: en esta actividad mi propósito es poner a trabajar nuestras manitas, hemos visto que los colores que prevalecen en invierno es el color blanco y azul y deberán separarlo por colores y tonalidades.

¿Qué trabajamos? Los colores y la motricidad fina.

¿Cómo lo trabajamos? Lo podemos llevar en rincones, en concreto, en el de las manitas o en estaciones de aprendizaje.

¿ME AYUDAS A VESTIRME?

Materiales: tarjetas y botones de colores.

Desarrollo: es una actividad de atención donde deberemos de buscar y colocar los botones que nos pone en las tarjetas.

Les daremos la opción de darles la tarjeta y que busquen los botones y los coloquen.

Otra variable sería darles los botones de los colores y dejarles mirar la imagen 20 segundos y después ponerlo en el orden que recuerden.

Como tercera opción, todos tienen que hacer lo mismo y quien lo haga primero deberá tocar el timbre simulando el juego de "Speed cup".

¿Qué trabajamos? Los colores, la atención, el orden y la seriación.

¿Cómo lo trabajamos? Lo podemos llevar en rincones, en concreto, en el lógico-matemática o en estaciones de aprendizaje.

SIGUE MI CAMINO

Materiales: tarjetas y piedras de colores.

Desarrollo: la actividad consiste en darles diferentes siluetas de objetos del invierno y que sigan el camino con objetos reales, piedras, como seguirlo primero con el dedo o con rotulador borrable.

¿Qué trabajamos? La concentración, la motricidad fina, los colores, las seriaciones y creatividad.

¿Cómo lo trabajamos? Lo podemos llevar hacer tanto en rincones, en concreto, en el lógico-matemática, en el de las manitas o en estaciones de aprendizaje.

LA Ruleta del invierno

Materiales: ruleta e imágenes.

Desarrollo: la actividad nos puede dar diversas opciones como trabajar vocabulario, hacer juego cooperativo a través de un bingo, o tirar la ruleta y que uno de los niños deba de describir que es y el resto adivinarlo.

¿Qué trabajamos? La expresión oral, vocabulario del invierno y juego cooperativo.

¿Cómo lo trabajamos? Lo podemos llevar hacer tanto en gran grupo en la asamblea como en estaciones de aprendizaje.

¿HACEMOS MAGIA?

Materiales: bicarbonato, agua y animales del invierno.

Desarrollo: esta actividad nos ayudará a trabajar los experimentos, así como a dejar rienda libre a la imaginación del niño para jugar con nieve artificial y los animales creando mil historias. Para crear la nieve simplemente deberemos de mezclar bicarbonato con agua poco a poco e ir haciendo la mezcla hasta que se quede la textura de la nieve. Además, podemos dejarles de complemento cubitos de hielo, vasos de colores para que hagan torres de nieve, etc.

¿Qué trabajamos? La manipulación, la experimentación donde podemos crear hipótesis de lo que puede pasar si mezclamos bicarbonato con agua y juego simbólico.

¿Cómo lo trabajamos? Lo podemos llevar hacer tanto en rincones, en concreto, en el sensorial o en estaciones de aprendizaje.

EL TIMBRE DEL INVIERNO

Materiales: ficha, timbre, árbol y complementos.

Desarrollo: en esta actividad vamos a coger la dinámica del juego "speed cup" donde tendremos unas tarjetas y unas imágenes y deberemos ponerlas en el mismo orden, cuando lo hagamos tocaremos el timbre. Para trabajar el vocabulario podemos coger un árbol y diferentes elementos de la estaciones, deberán de colgar aquellos elementos que nombremos tanto o de voz o que aparezca en una tarjeta, tocaremos el timbre a medida que lo terminemos.

¿Qué trabajamos? La atención, memoria visual, la concentración y la orientación.

¿Cómo lo trabajamos? Lo podemos llevar hacer tanto en rincones, en concreto, en el lógico-matemática una vez tengan adquiridas las normas o en estaciones de aprendizaje.

LA RECTA NUMÉRICA DEL INVIERNO

Materiales: descargable.

Desarrollo: en esta actividad vamos a tener que ordenar un puzle siguiendo la recta numérica para conseguir completar la imagen.

¿Qué trabajamos? La orientación y lógico-matemática.

¿Cómo lo trabajamos? Lo podemos llevar hacer tanto en rincones, en concreto, en el lógico-matemática o en estaciones de aprendizaje.

MI ÁLBUM FLORAL

Materiales: flores, un prensador o libros y un álbum.

Desarrollo: lo primero que haremos será coger flores de diferentes tipos, después las prensaremos bien con un prensador o con libros. Lo más importante es ponerlo entre papel de cocina o periódico para que absorba la humedad e ir cambiándolo cada dos o tres días y una vez secas lo que haremos será colocarlas en un álbum y a través de la aplicación "plant parent" escanearemos las fotos para saber su nombre y ponerle la etiqueta.

¿Qué trabajamos? La primavera, tipo de flores, colores, formas, aplicaciones digitales y escritura.

¿Cómo lo trabajamos? Lo haremos en gran grupo o por estaciones de aprendizaje.

ORQUIDEA

NARCISO

ROSA

AVE DEL PARAISO

GIRASOL

HIBICUS

TULIPAN

63

CREANDO FLORES CON PIEZAS SUELTAS

Materiales: piezas de colores.

Desarrollo: les dejaremos piezas sueltas y les dejaremos que fluya la imaginación, primero haremos ejemplos en gran grupo y así ir viendo diferentes ideas para que lo hagan de manera autónoma.

¿Qué trabajamos? La imaginación, la creatividad, los colores, las formas y la motricidad.

¿Cómo lo trabajamos? Lo haremos en gran grupo, en rincones, más concretamente, en las construcciones y en las estaciones de aprendizaje.

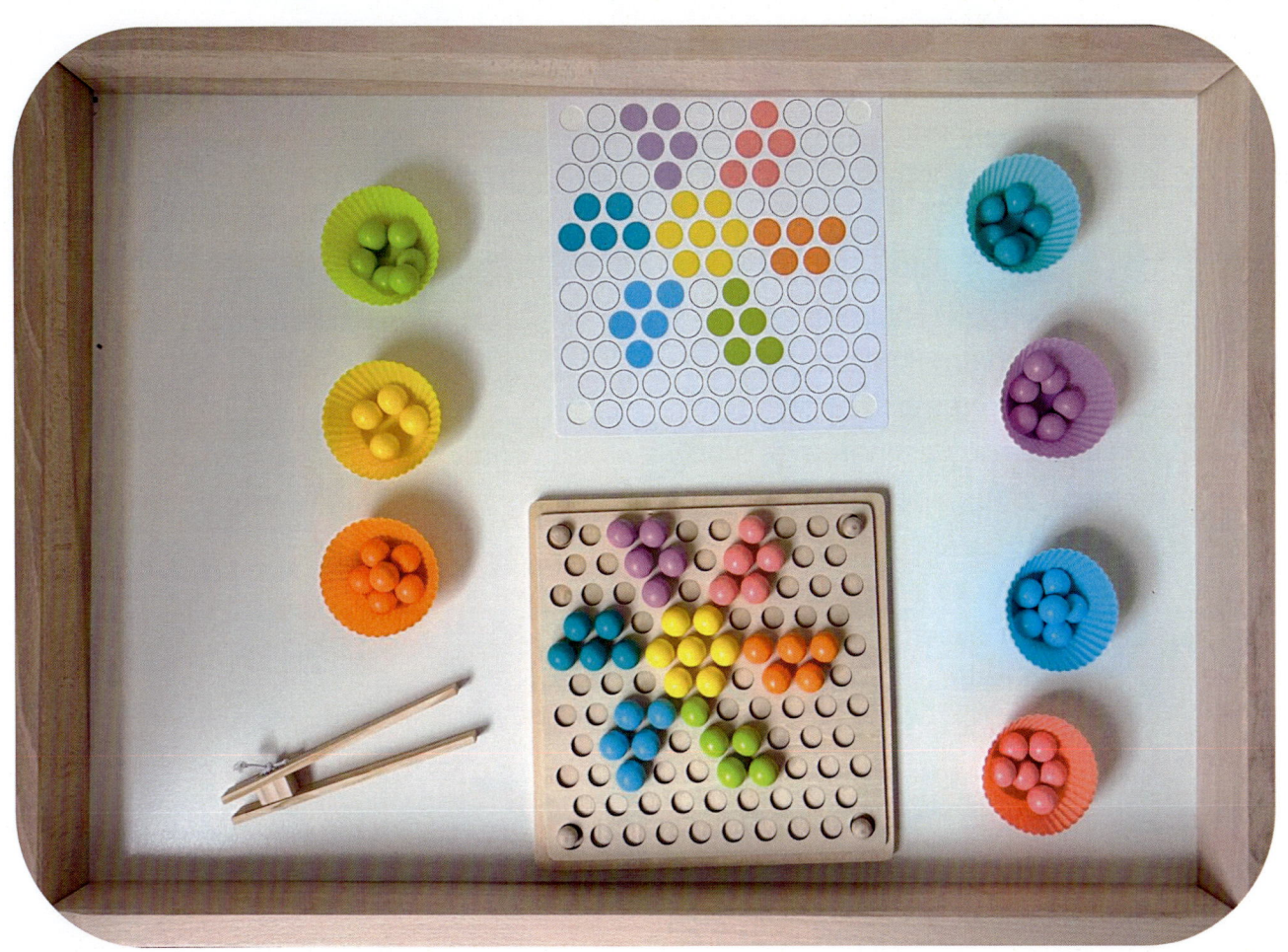

AROMAS RELAJANTES

Materiales: flores o plantas aromáticas y una botella.

Desarrollo: lo primero que haremos será agujerear una botella de plástico y meter flores aromáticas. Cuando apretemos la botella saldrá el olor y lo destinaremos a ponerlo en la zona de relajación.

¿Qué trabajamos? Esta actividad fomentará lo sensitivo, así como una herramienta para relajarnos y también fomentará el lenguaje oral donde expresemos que nos trasmite cada olor.

¿Cómo lo trabajamos? Lo haremos en gran grupo y luego lo colocaremos en la zona de relajación.

MATERIAL DE LUZ CON LA ORUGA GLOTONA

Materiales: tubos de papel, papel celofán de colores, rotuladores y gomas.

Desarrollo: crearemos a través de los tubos de papel el cuento de la oruga glotona para contarlo con luz. Para ello, en cada tubo de papel le pondremos un trozo de papel celofán e iremos dibujando las diferentes fases de la oruga. Una vez listo, apagaremos las luces, pondremos una linterna por el otro lado del tubo y se reflejará en la pared.

¿Qué trabajamos? El lenguaje oral, la escucha y el vocabulario.

¿Cómo lo trabajamos? Lo haremos en gran grupo y después podemos dejar el cuento y la marioneta en el rincón de la biblioteca.

CRECE QUE TE CRECE EL CICLO DE LA VIDA

Materiales: el ciclo de la vida de diferentes insectos.

Desarrollo: en esta actividad veremos diferentes etapas de los insectos de primavera, donde después podremos crear nuestro propio ciclo de la vida, cuidar un gusano de seda y vivenciarlo o minimundos. Además, encontraréis bits y vocabulario, que los podremos trabajar.

¿Qué trabajamos? Los diferentes tipos de insectos, sus fases y características y vocabulario.

¿Cómo lo trabajamos? Lo haremos en gran grupo y podremos diseñar un lugar específico, acompañándolo de un proceso real como por ejemplo cuidar gusanos de seda o caracoles o creando un hotel para bichitos. Asi valorando la importancia del cuidado de ellos, hacerles responsables del cuidado, y la importancia de ello.

RANA MARIQUITA SALTAMONTES MARIPOSA LOMBRIZ ABEJA

SUMANDO PÉTALOS

Materiales: pantalla de luz o folio, y rotuladores.

Desarrollo: les dibujaremos flores con pétalos y arriba las cantidades desordenada, deberán de unir la cantidad con su flor correcta. Por otro lado, podremos darle nosotras las indicaciones y que sean ellos los que dibujen una flor de siete pétalos, una flor con un pétalo rojo y otro azul asi trabajando las seriaciones.

¿Qué trabajamos? El conteo, la lógico-matemática y las seriaciones.

¿Cómo lo trabajamos? Lo haremos en gran grupo o por estaciones de aprendizaje.

LOS COLORES DE LA PRIMAVERA

Materiales: tablillas de colores y fotos reales.

Desarrollo: les daremos a cada niño o por equipo una imagen que previamente las habremos trabajado en la asamblea, en la cuerda de la belleza, después deberán identificar los colores que predominan en la imagen y coger, comparar y seleccionar las correctas para después explicar cuáles son los colores, si son fríos, cálidos etc.

¿Qué trabajamos? Las características de la primavera, los colores y la expresión oral.

¿Cómo lo trabajamos? Lo haremos en gran grupo, en rincones, más concretamente, en del arte y en las estaciones de aprendizaje.

ADORNANDO NUESTRO PATIO/HUERTO

Materiales: piedras, temperas, pinceles, media y cemento.

Desarrollo: para las piedras podremos usar tanto temperas como rotuladores multiusos, bien les haremos el contorno o dejaremos que ellos lo hagan dando opción de ello. Para la seta podemos comprarla hecha o bien hacerlo con cemento. Deberemos hacer las dos partes por separado, primero el tallo, donde echaremos cemento dentro de la media y la ataremos hasta que quede mayor cantidad de cemento abajo dando forma con las manos, y con la parte de arriba de la seta también rellenaremos la media y la pondremos encima de un bol dado la vuelta dando forma, después una vez seco lo pintaremos y lo secaremos.

¿Qué trabajamos? Características de la primavera, motricidad fina y los colores.

¿Cómo lo trabajamos? Lo haremos en pequeños grupos con supervisión.

NUESTRA INICIAL FLORAL

Materiales: iniciales de madera, flores y pegamento.

Desarrollo: lo primero que haremos será ver todas las iniciales de nuestro nombre y reconocerlas y realizar su sonido, después habremos traído entre todos flores y las deberemos de pegar hasta rellenar toda la letra. También podemos encontrar diferentes marcos en internet para rellenar con flores y dejarles fluir su imaginación.

¿Qué trabajamos? Lectoescritura, tipo de flores, motricidad fina y la creatividad.

¿Cómo lo trabajamos? Lo haremos o en rincones o por estaciones de aprendizaje.

MÁNDALA PRIMAVERAL

Materiales: plantilla y botones.

Desarrollo: lo primero que haremos es mostrarles la plantilla de las flores, bien comprada o podemos crearlas. Después podemos hacer diferentes actividades como dejarles libertad, hacer seriaciones, poner los colores que les indiquemos etc.

¿Qué trabajamos? Lógico-matemática, motricidad fina, concentración y atención.

¿Cómo lo trabajamos? Lo haremos en rincones o en estaciones de aprendizaje.

FORMANDO FLORES DE MIL FORMAS

Materiales: plantillas descargables.

Desarrollo: en esta actividad encontramos diferentes tallos, tiestos y flores que podremos formar de mil maneras para crear nuestro ramo de flores.

¿Qué trabajamos? Las partes de la flor y la creatividad.

¿Cómo lo trabajamos? Lo haremos en rincones, en concreto, en el del arte o en estaciones de aprendizaje.

JUEGOS DE MESA PRIMAVERALES

Materiales: descargables.

Desarrollo: en esta actividad vamos a encontrar diferentes juegos de mesa como el doble, el lince, el bingo y un tablero para la beeboth adaptados a la temática de la primavera, las flores y los insectos.

¿Qué trabajamos? La atención, memoria visual, la concentración y la orientación y vocabulario.

¿Cómo lo trabajamos? Lo podemos llevar en estaciones de aprendizaje o dedicando en el horario un momento para los juegos de mesa.

MINIMUNDO MARINO

Materiales: bandejas, agua y elementos del mar.

Desarrollo: esta actividad es de lo más sencilla, ya que crearemos un minimundo a nuestro gusto con objetos relacionados con el mar y dejaremos que los niños saquen su imaginación, hagan trasvases, hablen, nombren los animales, cuenten cuantos hay y creen grandes historias.

¿Qué trabajamos? El juego simbólico, la expresión oral y el juego en equipo.

¿Cómo lo trabajamos? lo haremos en rincones como el sensorial y en estaciones de aprendizaje.

CREANDO HELADOS DE COLORES

Materiales: bandeja, algodones, colorante o temperas y pipetas.

Desarrollo: primero de todo cono-ceremos los colores primarios que son el rojo, amarillo y azul y vamos a experimentar mezclándolos para ver que colores secundarios salen. Para ello, vamos a crear helados con dos bolas de colores y la tercera bola será la mezcla de los otros dos.

¿Qué trabajamos? Los colores primarios y secundarios y motrici-dad fina.

¿Cómo lo trabajamos? Lo hare-mos en el rincón de plástica o en estaciones de aprendizaje.

CAZANDO LETRAS Y NÚMEROS

Materiales: bandeja, agua, colorante y letras y números.

Desarrollo: en esta actividad podemos proponerlo de diferentes maneras. Los exploradores deben de cazar letras y mezclar letras y números, solo deben de coger las vocales o deben de cazar números específicos, una actividad que nos da mucho juego para trabajar diferentes conceptos.

¿Qué trabajamos? Los números y las letras.

¿Cómo lo trabajamos? Lo haremos en rincones, depende de las propuestas en letras o números, por estaciones de aprendizaje y en gran grupo.

MEMORY SUPERHELADO

Materiales: memory.

Desarrollo: en esta actividad pondremos atención porque tenemos que conseguir el máximo posible de parejas de helados. Para ello, lo podremos hacer de manera individual o en parejas.

¿Qué trabajamos? Los colores, la atención, concentración y funciones ejecutivas.

¿Cómo lo trabajamos? Lo haremos en estaciones de aprendizaje o dedicando al horario un hueco de juegos de mesa.

LA ESTRELLA MÁS BONITA DEL MAR

Materiales: plastilina y abalorios.

Desarrollo: en esta actividad lo primero de todo será crear nuestra estrella de mar. Por lo tanto, les dejaremos una plantilla, después la decoraremos con abalorios. En este punto, podemos dejarles libertad, podemos indicar los colores que deberán usar, podemos tirar dados, uno de números y otro de colores y seguir las instrucciones o hacer seriaciones.

¿Qué trabajamos? Los números y el conteo, las seriaciones, la motricidad fina, la concentración y creatividad.

¿Cómo lo trabajamos? Por estaciones de aprendizaje y en el rincón de las manitas.

NUESTROS ANIMALES MARINOS

Materiales: animales impresos, limpiapipas y abalorios.

Desarrollo: en esta actividad debemos de poner guapos a nuestros animales marinos. Para ello, deberemos adornarles con abalorios, por lo cual podremos dejar libertad o también si tenemos un pulpo con ocho patas podemos trabajar la recta numérica, por ejemplo, en el primer tentáculo pondremos uno, en el segundo dos, etc.

¿Qué trabajamos? Los números y la motricidad fina.

¿Cómo lo trabajamos? Lo haremos en rincones, en este caso, en el de las manitas y por estaciones de aprendizaje.

NUESTRAS CARTAS NÚMERICAS MARINAS

Materiales: baraja de cartas y números.

Desarrollo: en esta actividad podemos trabajar tanto la subitización, sacando una carta y diciendo la cantidad de objetos, podemos ordenar la recta numérica de mayor a menor o viceversa y podemos coger una de ellas y descomponer el número.

¿Qué trabajamos? Los números, el conteo, la recta numérica y la subitización.

¿Cómo lo trabajamos? Lo haremos en gran grupo como en la asamblea, en rincones o por estaciones de aprendizaje.

CASA DESCOMPOSICIÓN CONCHAS

Materiales: casa de descomposición y conchas.

Desarrollo: en esta actividad vamos a trabajar de manera manipulativa la descomposición, está preparada para hacerlo con diferentes números depende el nivel de dificultad. Por ello, elegiremos número y a descomponer con elementos naturales como puede ser las conchas.

¿Qué trabajamos? Los números, el conteo y la descomposición.

¿Cómo lo trabajamos? Lo haremos en gran grupo como en la asamblea, en rincones o por estaciones de aprendizaje.

TRASVASES EN LA PLAYA

Materiales: diferentes elementos como cucharas y cuencos para hacer transvases y arena o piedras simulando el mar.

Desarrollo: en esta actividad vamos a dejar juego libre, donde les preparemos una bandeja sensorial simulando la playa y les dejemos que jueguen y experimenten.

¿Qué trabajamos? La experimentación, los transvases y la motricidad fina.

¿Cómo lo trabajamos? Lo haremos en rincones como en el sensorial o por estaciones de aprendizaje.

NUESTRO PAISAJE DEL VERANO

Materiales: material playmais y elementos del mar.

Desarrollo: en esta actividad vamos a crear elementos del mar con un material concreto que no es tóxico para los niños y las piezas se pegan con agua. Para ello, podemos hacer elementos sencillos como un sol, las olas del mar o una estrella.

¿Qué trabajamos? La experimentación, la motricidad fina y la creatividad.

¿Cómo lo trabajamos? Lo haremos en rincones como en el sensorial o por estaciones de aprendizaje.

EN BUSCA DE MI SOMBRA PERDIDA

Materiales: descargable.

Desarrollo: en esta actividad vamos a buscar la sombra de diferentes objetos del verano. Podemos usarlo de dos maneras, de manera sencilla podemos hacerlo con todas las imágenes bocarriba para buscar las parejas, pero para complicarlo más podemos seguir la dinámica del memory.

¿Qué trabajamos? La atención, memoria visual y la concentración.

¿Cómo lo trabajamos? Lo podemos hacer tanto en rincones, en concreto, en el lógico-matemática una vez tengan adquiridas las normas o en estaciones de aprendizaje.

TABÚ VERANIEGO

Materiales: ficha y timbre.

Desarrollo: en esta actividad vamos a jugar al tabú con vocabulario veraniego, este juego consiste en describir el dibujo de la tarjeta sin decir algunas palabras.

¿Qué trabajamos? La expresión oral, la comprensión, la escucha y vocabulario.

¿Cómo lo trabajamos? Lo podemos llevar a cabo en la asamblea, en estaciones de aprendizaje o en el momento de juego de mesa.

NUESTRA INICIAL MÁS OTOÑAL

Materiales: letras de madera y calabazas de juguete.

Desarrollo: en esta actividad vamos a trabajar la grafía de las letras. En este caso, la propuesta la he hecho con la inicial de mi nombre, pero podemos hacerla con las letras que queramos trabajar, donde podemos dejar que lo hagan de manera libre o darles una pauta, después con letras de madera formaremos palabras que comiencen por esa inicial.

¿Qué trabajamos? Las letras y su grafía, vocabulario y la motricidad fina.

¿Cómo lo trabajamos? Lo haremos en rincones como en el de las letras o por estaciones de aprendizaje.

Materiales: material imprimible y círculos de madera.

Desarrollo: en esta actividad vamos a trabajar características del otoño. Para ello, deberemos de observar las diferentes imágenes y detectar cuales son las intrusas de otras estaciones.

¿Qué trabajamos? La atención, observación y características del otoño.

¿Cómo lo trabajamos? Lo haremos en rincones o por estaciones de aprendizaje.

MANDALAS A TRAVÉS DEL ESPEJO

Materiales: espejo y elementos otoñales.

Desarrollo: tendremos diferentes elementos otoñales con los que podremos hacer mandalas y podremos verlo reflejado a través del espejo.

¿Qué trabajamos? Los elementos otoñales, la experimentación y creatividad.

¿Cómo lo trabajamos? Lo podemos llevar a través de las estaciones de aprendizaje al ser un material que necesita al principio más control y después una vez conozca el uso lo podremos introducir en los rincones como es el sensorial.

SETAS CON GRAFISMO CREATIVO

Materiales: setas de madera, rotuladores y plantillas de grafismos.

Desarrollo: en esta actividad vamos a trabajar el grafismo con elementos del otoño, iremos sacando diferentes trazos, bien podemos hacerlo poniendo todos bocabajo y sacando uno al azar o podemos elegir cada vez uno y rellenar nuestra seta.

¿Qué trabajamos? La experimentación, los transvases y la motricidad fina.

¿Cómo lo trabajamos? Lo haremos en el rincón del arte o por estaciones de aprendizaje.

NUESTRO LADRÓN DE HOJAS

Materiales: cuento y hojas.

Desarrollo: primero de todo veremos el cuento donde a través de él podemos iniciar la estación del otoño, después les diremos que al moverse tanto las hojas, se han partido por la mitad y debemos de ayudar a la ardilla a que cada hoja tenga su pareja. Por otro lado, también podemos hacer diferentes actividades como en la mitad de cada hoja poner una letra tanto en mayúscula como en minúscula y que las unan o podemos decir un número de hojas y que nos den tantas como sean.

¿Qué trabajamos? La literatura, la motricidad fina, la simetría y características del otoño, conteo, reconocimiento de letras.

¿Cómo lo trabajamos? Lo podemos llevar a través de la asamblea donde iniciemos el cuento y después la propuesta en el rincón de lógico-matemática o lectoescritura.

LAS BELLOTAS DE LAS SÍLABAS

Materiales: imprimibles de las ardillas y las bellotas.

Desarrollo: tendremos diferentes bellotas con imágenes donde deberemos de clasificarlas según las silabas que tengan en su ardilla correspondiente.

¿Qué trabajamos? Vocabulario, conciencia silábica y el conteo.

¿Cómo lo trabajamos? Lo podemos llevar a través de la asamblea en gran grupo, después en rincones, en este caso, en el de lectoescritura y por estaciones de aprendizaje.

SERIES OTOÑALES

Materiales: elementos del otoño traslucidos y mesa de luz.

Desarrollo: tendremos diferentes elementos del otoño translúcidos donde iremos dando pautas para realizar diferentes seriaciones dependiendo de la dificultad que quedamos darle, si queremos que sea dos elementos, tres... también podemos darles indicaciones diciendo el objeto, por ejemplo, haremos bellota, hoja, bellota, hoja o por otro lado un objeto de color rojo y otro verde, así trabajando diferentes conceptos.

¿Qué trabajamos? Vocabulario del otoño, colores, cualidades y las seriaciones.

¿Cómo lo trabajamos? Lo podemos llevar en rincones, en este caso, en el sensorial o lógico-matemática y por estaciones de aprendizaje.

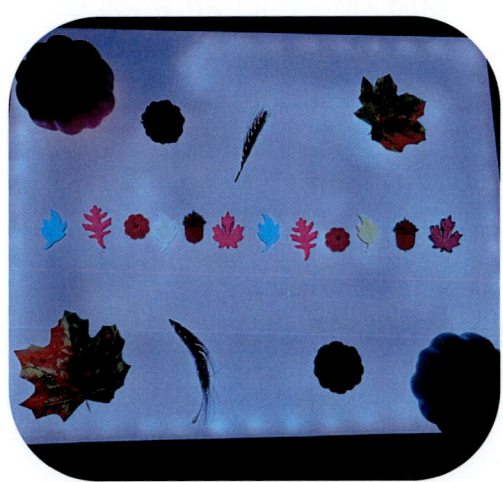

¡HALLOWEEN HA LLEGADO!

Materiales: material imprimible, plastilina y piedras.

Desarrollo: tendremos tres propuestas diferentes. En la primera encontramos diferentes siluetas, donde usaremos la plastilina para dejar fluir la imaginación, por otro lado, encontramos diferentes tarjetas de trazos donde podemos seguirlas con los dedos, piedras, plastilina o el material que se os ocurra y por último encontramos una plantilla de números donde podremos hacer infinidad de actividades como trazo, hacer conteo, ordenar la recta numérica entre otras.

¿Qué trabajamos? Trazos, motricidad fina y conceptos matemáticos.

¿Cómo lo trabajamos? lo podemos llevar en rincones, en este caso en el sensorial o lógico-matemática y por estaciones de aprendizaje.

103

MINIMUNDO OTOÑAL

Materiales: base de lentejas y diferentes elementos del otoño como calabazas, hojas, erizos, coches para hacer transvases entre otros.

Desarrollo: en esta actividad simplemente debemos dejar que fluya la imaginación, ya que hemos preparado un minimundo con diferentes elementos otoñales donde hemos puesto una base de lentejas y diferentes elementos para crear transvases y tendrán total libertad, además de que también se encontrarán hojas del otoño y tendremos que ayudar a recogerlas al barredero Jero.

¿Qué trabajamos? Imaginación, creatividad, motricidad fina y características del otoño.

¿Cómo lo trabajamos? Lo podemos llevar en rincones, en este caso en el sensorial y por estaciones de aprendizaje.

RECETAS OTOÑALES

Materiales: plantillas y elementos naturales.

Desarrollo: encontraremos tres propuestas en una, donde veremos seriaciones, tendremos sumas de frutos otoñales y recetas poniendo tantos elementos como nos pide.

¿Qué trabajamos? Lógico-matemática, creatividad y motricidad fina.

¿Cómo lo trabajamos? Lo haremos en rincones, en este caso, en el de lógico-matemática o en estaciones de aprendizaje.

BUSCA MI MITAD

Materiales: plantillas.

Desarrollo: lo primero que haremos será decirles que el viento ha perdido una parte de los elementos del otoño y que debemos de completar la pieza que falta. Para ello, les dejaremos todas las mitades las cuales deberán de ponerlo junto a su otra parte.

¿Qué trabajamos? Orientación, concentración y atención.

¿Cómo lo trabajamos? Lo haremos en rincones en este caso en lógico-matemática o en estaciones de aprendizaje.

PRovocAcióN otoÑAl

Materiales: diferentes piezas otoñales.

Desarrollo: en esta actividad hemos creado un bosque de setas y flores otoñales, como bien podemos encontrar en el libro de "Provocaciones" de Marta Aguilar y en su cuenta de Instagram @profe_curiosa, donde nos explica que una provocación no tiene un fin concreto si no que cada niño jugará dependiendo de sus intereses y donde nosotras seremos observadoras y veremos como cada niño es único.

¿Qué trabajamos? La creatividad, imaginación, motricidad fina y expresión.

¿Cómo lo trabajamos? Lo podemos hacer tanto en rincones, en concreto, en el sensorial o en estaciones de aprendizaje.

MATERIALES E IDEAS PARA NUESTRA AULA

A lo largo de las actividades podemos encontrar diferentes materiales que podemos darle uso en múltiples ocasiones. Por ello, os traigo recomendaciones de materiales para el aula que son un esencial y que os dará mucho juego adaptado a todo tipo de temáticas, niveles de dificultad y que sea manipulativo y funcional:

LETRAS DE MADERA/LETRAS Y NÚMEROS TRASLUCIDOS

En estas letras vemos que sigue los colores de la metodología Montessori, siendo las vocales de color azul y las consonantes de color rojo, a través de ella trabajaremos la lectoescritura. Las letras traslúcidas las podemos trabajar a través de la mesa de luz o en propuestas con agua.

RULETA

Esta ruleta nos puede dar múltiples opciones tanto para trabajar vocabulario, letras, números, fotos con los alumnos y aprendernos los nombres, sacar la letra de la palabra del día, millones de actividades donde ellos sean los protagonistas a la hora de tirar y ver que les toca.

Estos números tienen algo en especial, cada uno de ellos tiene un tamaño. Gracias a ellos vamos a poder trabajar la descomposición, la suma, la recta numérica y ver de manera más clara sus diferencias.

PERLAS MONTESSORI

Este material es perfecto para acompañarlos con nuestros números anteriores, además tiene múltiples complementos como los colgadores de perlas que nos ayudan a ver la recta numérica, un contador de perlas, la casita de la descomposición, entre ellos.

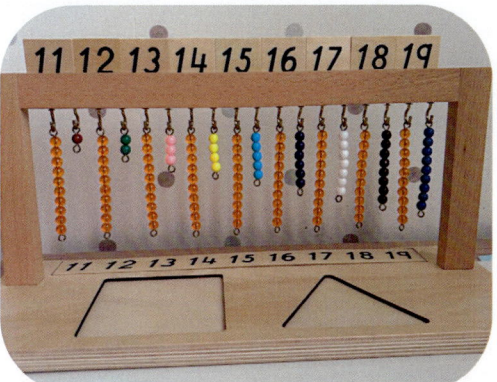

CAJA DE COLOR TABLILLAS MONTESSORI

Dentro de este material encontramos los colores y sus diferentes tonalidades: colores claros, oscuros, fríos y cálidos que nos darán múltiples formas de aprender los colores y hacerlo de una manera manipulativa y vivencial.

MESA SENSORIAL, BANDEJAS SENSORIALES, MESA DE LUZ

Otro material que para mí es fundamental para poder crear minimundos, propuestas sensoriales, provocaciones o simplemente dejarles diferentes elementos como animales, piezas sueltas y que creen de manera libre.

DUENDES DE LAS ESTACIONES

Otra alternativa para presentar las actividades de manera motivante y diferente es contar en cada estación con nuestros duendes de las estaciones que serán los encargados de mandarnos diferentes retos y juegos para aprender sobre cada una de ellas.

NÚMEROS DE LIJA

Material sensorial que nos sirve para trabajar el número de diferentes maneras, para identificar el número, seguir el trazo, poner tantos objetos como el número nos indica, ordenar la recta numérica, trabajar los números vecinos y muchas ideas más.

CASITAS DE LAS ESTACIONES

Estas casitas son de nuestras muñequitas de las estaciones las cuales están durmiendo y solo saldrá aquella de la estación correspondiente a la que estamos, así siendo una actividad muy visual de las diferencias entre las diferentes estaciones.

Están creadas por una supercuenta llamada @hope_and_dreams_18 L

LETRAS DE LiJA

Al igual que con los números también encontramos las letras donde podremos trabajar múltiples actividades, reconociendo las letras, trabajando su trazo, conciencia fonológicas entre otras.

CONTROL DEL TIEMPO

A través de estas actividades podremos ver una estadística mensual del tiempo que ha hecho, esto nos ayudará a ver que tiempo predomina más en cada estación, encontramos tanto los tarritos del tiempo metiendo un pompón en el bote correspondiente, o otra manera con la ruleta del tiempo, poniendo una anilla al palito del tiempo que toque.

EXPLORADORES EXPERTOS

Ahora te toca a ti profe o familia, donde tras haceros expertos en las cuatro estaciones os toca poneros vuestros catalejos y chaleco de exploradores y enseñarles a los más pequeños a observar la belleza que encontramos en nuestro entorno, donde cada actividad sea un nuevo reto, donde espero que todas estas ideas os sean útiles en vuestro día a día tanto en el aula como en casa, donde dejéis fluir vuestra imaginación para crear propuestas divertidas y creativas, donde motivéis al alumno a aprender a través de aprendizajes significativos, donde también vosotros seáis uno más y seáis quienes acompañéis a los más pequeños en este viaje tan especial, donde salgáis a pasear, a conocer el entorno a apreciar la importancia de conectar con la naturaleza y todo lo que nos aporta.

En esta aventura debemos despertar y usar todos nuestros sentidos para escuchar los sonidos de la naturaleza, tocar y jugar con los elementos del entorno, abrir bien los ojos para no perder de vista los bichitos, los colores que nos rodean, oler las flores y probar el agua del río.

¿Preparados para ser unos exploradores de primera?

Aquí os dejo un código QR donde encontraréis todos los materiales descargables de las actividades del libro.

AGRADECIMIENTOS

Para haber conseguido este proyecto tan bonito, he tenido la suerte de tener a mi lado:

A mi familia, que, gracias a ella, creo cada día un poquito más en mí, donde me animan en cualquier reto que me proponga, donde no me dejan sola ni un segundo y donde me impulsan a ser mejor persona, en especial a mi madre, por no soltarme nunca de la mano, por confiar en mí a pesar de no hacerlo ni yo misma, por animarme a realizar este libro y por ser mi mitad y ser la persona más importante de mi vida.

A mis amigas que me apoyaron en esta locura tan bonita.

A mi pareja, por animarme en cada paso que doy y gracias a él crear dos proyectos tan importantes como mi cuenta educativa y este libro que para mí es muy especial y como siempre me dice: "ojalá haber tenido una profe como tú cuando era pequeño".

A todas las personas, profes y familias que me he cruzado en este pequeño recorrido como maestra, por enseñarme, por apoyarme y valorarme en el aula, donde también me he llevado amigas de verdad.

A mis pequeños por enseñarme en el día a día y por hacerme mejor persona.

A toda la gente que me sigue en mi cuenta educativa @lasuperprofenat que sin ellos no sería posible este gran proyecto, y a toda la gente que estoy conociendo a través de ella, donde hay gente increíble, con ideas impresionantes, con ganas de aprender, formarse e innovar y hacer que la educación sea la profesión más bonita del mundo.

Y a ti, que me estas leyendo, gracias por querer cambiar el mundo de la educación, aprendiendo, buscando ideas diferentes, y porque este libro sea parte de ese cambio.